L'E'COLE DES AMANS

COMEDIE.

Par M. JOLLY.

Cette Piéce a esté joüée pour la premiere fois le 18 Octobre 1718,

Le prix est de 20 sols.

A PARIS,

Chez PIERRE RIBOU seul Libraire de l'Accademie Royalle de Musique, Quay des Augustins à l'Image S. Loüis.

M. D. CC. XIX.

Avec Approbation & Privilege du Roy.

A

SON ALTESSE SERENISSIME

MONSEIGNEUR

LE PRINCE

DE CONTI.

IGNE Fils du Heros, qui dés ses premiers ans,
Signala sa Valeur contre les Ottomans,
Que Steinkerque & Nervinde, ont vû couvert de gloire,

Parmy nos Bataillons ramener la Victoire,
Qui fût par sa Vertu l'ornement de la Cour,
Qui sçut nous inspirer le respect & l'amour,
Qu'un Peuple belliqueux, brûloit d'avoir pour maître,
Et dont la perte enfin cause encor nos regrets ;
GRAND PRINCE, Est-ce à ma main à tracer quelques traits
De ses hautes Vertus, qu'on voit en toy renaître ?
Disciple de Thalie, il ne m'est pas permis
De te peindre en ces Vers tel qu'on t'a vu paroître
A l'aspect de nos ennemis.
Dans le sentier glissant de la Scene Comique,
Où l'on me voit entrer pour la premiere fois,
Je n'ose prendre en main la Trompette Heroïque,
Pour chanter ta Valeur & tes premiers Exploits.

Mais les Travaux Guerriers, permets moi de le dire,
Les soins ambitieux d'aggrandir leur Empire,
GRAND PRINCE, non point seuls Illustré les Césars,
Le Sçavoir, le bon Goût & l'amour des beaux Arts,
Ont consacré leurs noms au Temple de memoire.
Toy, qu'on voit si jaloux d'une solide gloire,
Sur ce foible tribut daigne jetter les yeux,
Souffre encor qu'à l'abry de ton nom glorieux,
J'ose aujourd'huy donner l'essor à cet Ouvrage,
Et me promettre un nom entre tant de Rivaux;
Mais que, dis-je, j'en ai l'infaillible presage
CONTY m'a donné son suffrage,
Quel prix de mes heureux Travaux!

ACTEURS

LUCILE.

VALERE Amant de Lucile,

ERASTE Ami de Valere,

LISETTE Suivante de Lucile,

SCAPIN Valet d'Eraste.

FRONTIN Valet de Valere,

La Scene est à la Campagne dans le Château d'Eraste.

L'ESCOLE DES AMANS
COMEDIE.

ACTE PREMIER.

SCENE PREMIERE.

ERASTE, SCAPIN.

ERASTE,

TANDIS qu'en ce Château tout le monde repose
De ce départ si prompt je t'apprendray la cause ;
J'ay beaucoup à te dire, aussi de mon côté
Profitons de la nuit & de l'obscurité.

Mais il faut avant tout que tu me rende compte
De ce qu'en Normandie a pû faire Geronte
Le Tuteur de Lucile ; enfin par quel malheur
La mort nous a ravy ce bon-homme.

SCAPIN.

Monsieur,
Je vais en peu de mots, sans trop vanter mon zele
Vous rendre de ces faits un compte fort fidele.
Monsieur Geronte & moi nous sommes donc partis
Pour mettre à la raison des chicaneurs maudits,
Des plaideurs bas Normands, tous parens de Lucile,
Qui s'étoient emparez des biens de la pupile ;
Je ne vous diray point de quels rusez détours
Ces honnêtes parens se servoient tous les jours
Pour mieux embarasser toutes les procedures,
Procureurs, Avocats, Playdoiez, écritures,
Titres falsifiez, faux Sermens, faux témoins,
Tout estoit mis en œuvre : enfin grace à nos soins
Aprés plus de cinq mois de fatigue & de peine
Dans tous les Tribunaux du haut & du bas Maine
Le bon droit de Lucile a détruit leurs projets.
Moi, pour me delasser parmi tant de procés
J'étois dans ces Cantons amoureux comme quatre
Et contre mes rivaux il a fallu me battre ;
Et ce bras . . . je prétend vous faire une autre fois
Le recit glorieux de mes rares exploits.
Ayant donc terminé tout à son avantage
Aprés tant de travaux, Geronte en homme sage
Songeoit à respirer & prendre du repos
Pour visiter ensuitte & Terres & Châteaux
Lors qu'un mal qu'il traita d'abord de bagatelle
Fût aussi-tôt suivy d'une fiévre mortelle
Justement allarmé j'appelle du secours
Deux Sçavans Medecins en moins de quatre jours,
Pour abreger le mal & suivant leur usage,
Ont fait mourir Geronte à la Fleur de son âge.

ERASTE.

Sans doute qu'il aura recompensé tes soins.

SCAPIN.

Lisez, vous allez voir.

ERASTE.

Mille écûs! Il pouvoit donner moins.

SCAPIN.

Est-ce trop? estant donc legataire
Je prétens au plûtôt ....

ERASTE.

Quoy? que prétend tu faire?

SCAPIN

Me donner à Lisette.

ERASTE

Elle a beaucoup d'appas,
L'esprit enjoüé, vif & Lucile en fait cas,
J'éprouve fort ton choix, & même je t'assure
Que cet hymen icy pourroit bien se conclure
Dans ce jour.

SCAPIN.

Dés ce jour! le projet est fort beau.
Lisette est à Paris.

ERASTE

Elle eſt dans ce Château,
Et ton ami Frontin y demeure avec elle
Depuis un mois entier.

SCAPIN *à part.*

La facheuſe nouvelle.

ERASTE.

Tu parois interdit, qui te fait tant rever ?

SCAPIN

L'hymen eſt commencé, Frontin peut l'achever.
Je penſe humainement & juge par moi-même.
Ma foy je rirois bien de ſa ſotiſe extrême
S'il n'avoit employé ce tems qu'à diſcourir.

ERASTE

De cette opinion je prétend te guerir.

SCAPIN.

Vous aurez de la peine.

ERASTE

Il me ſera facile.
Liſette a dans ces lieux accompagné Lucile.

SCAPIN.

Mais pour-quoy ce Frontin ſe trouve-t-il icy ?

ERASTE.

Il a suivi Valere.

SCAPIN.

Et quoi Valere aussi ?

ERASTE.

Veux-tu bien m'écouter ?

SCAPIN.

Parlez, je vous écoute

ERASTE.

Scapin, cette avanture est étrange sans doute,
Même à moins que la voir on ne la croira point.
Valere à qui tu sçai que l'amitié me joint
Aprés l'éloignement du tuteur de Lucile
Trouva dans sa maison un accès plus facile,
Tous deux d'un fort amour également épris
Formerent le dessein d'abandonner Paris,
Et d'aller dans un lieu solitaire & tranquile
De l'amour (disoient-ils) le veritable azile
Goûter le seul plaisir de se voir, de s'aimer,
D'y borner tous leurs vœux, & de s'y renfermer,
Comptant que l'on pouvoit sans desirs, sans envie
Employer à s'aimer tout le tems de sa vie.
Je fus le confident de ce projet nouveau,
Et comme ami commun leur offris ce Château:
J'accompagnai leurs pas applaudissant sans peine
Cette idée, où plû-tôt cette chimere vaine,
Et fidele témoin de ces rares amours
Je n'ai quitté ces lieux que depuis quatre jours.
Tout prest à terminer une importante affaire
Ton retour me rameine,

SCAPIN.

Y font-ils bonne chere?

ERASTE.

Sans doute pour cela le pays est tres bon.
Des vins les plus exquis ample provision.
Rien ne manque.

SCAPIN.

A ce prix sans desirs, sans envie
Je passerois icy tout le tems de ma vie.
Bonne chere, bon vin, séjour délicieux,
Jeunes beautez sur tout, on ne peut être mieux.

ERASTE.

Je laisse à ton esprit liberté toute entiere,
Et tu peux t'égayer sur semblable matiere.

SCAPIN.

Elle fournit assez & bien d'autres je croi
Sur un pareil sujet penseroient comme moi.

ERASTE.

Quand je connoîtrois moins & Lucile & Valere
Je suis trop éloigné du préjugé vulgaire,
Et ne croi point l'amour un Dieu dont le pouvoir
Chasse de tous les cœurs l'honneur & le devoir.

SCAPIN

Si l'on vous entendoit tenir un tel langage

On vous croiroit ſorti de quelque antre ſauvage,
Ou bien aveugle né.

ERASTE

Je voi tout, j'entens tout.
Et c'eſt là ce qui met ma patience à bout.
J'enrage quand je voi les moindres apparences
Faire naître auſſi-tôt d'affreuſes médiſances,
Et d'horibles couleurs peindre le plus ſouvent
De deux jeunes amans le commerce innocent.
Mais laiſſons ce diſcours qui m'échauffe la bile,
Enfin je vais ſçavoir ſi Valere & Lucile
Conſtans dans leur amour & maître de leurs vœux
Conſentent que l'hymen les uniſſe tous deux.
A l'égard de Lucile & ſon ſexe & ſon âge
Veulent que ſous ſes Lois ſans peine elle s'engage;
Pour Valere ennemi d'un tel engagement.
Je doute qu'il ait pû changer de ſentiment:
Mais ce qui me ſurprend, c'eſt ce même Valere
Dont je connois l'humeur inconſtante, légere,
D'ailleurs homme d'eſprit, il le faut avoüer;
Mais qui toûjours du ſexe a voulû ſe joüer,
Po tant par deſſus tout l'amour propre à l'extrême,
Incapable d'aimer pour trop s'aimer lui-même,
Et je ne conçoi pas comment dans ce ſéjour
Il languit ſi long-tems dans les Fers de l'amour.

SCAPIN.

Je ne voi point encor ou tout cecy nous meine,

ERASTE.

Je n'ai que peu de bien.

SCAPIN.

La chose est trés certaine.

ERASTE.

Lucile en a beaucoup.

SCAPIN.

Grace au Ciel m'y voilà.
Vous voulez l'épouser.

ERASTE.

Justement c'est cela.
Je prétend, si je puis, accroître ma fortune,
Satisfaire des gens dont l'aspect m'importune,
Et rétablir enfin les biens de ma maison :
Tout m'en fait une loi l'amour & la raison.

SCAPIN.

Oüi, Mais Seigneur Eraste, à vous parler sans feindre,
Tout bien consideré n'avez-vous rien à craindre ?
Ne redoutez-vous point ce séjour écarté
Où l'on se voit sans cesse en pleine liberté ?
Malgré vos beaux discours j'en appelle aux usages :
Et s'il m'étoit permis de prendre les suffrages
J'aurois toutes les voix. Mais baste poursuivons.
Sur un pareil sujet envain nous disputons.

ERASTE,

Sous ces arbres épais je voi quelqu'un paroître.
Le jour est déjà grand, & je croi reconnoître...
C'est Lisette,

SCAPIN

Et je voi le trop heureux Frontin.

SCENE II.

ERASTE, LISETTE, FRONTIN, SCAPIN.

LISETTE.

DI-moy pour-quoy ton maître est sorti si matin?

FRONTIN.

Je ne sçai.

LISETTE.

Mais que vois-je? ah, Monsieur, c'est vous-même.
Nous sommes sans mentir dans une peine extrême.
Vous venez à propos.

ERASTE

Ah, Lisette, bon jour.

FRONTIN,

Serviteur.

SCAPIN.

Serviteur.

ERASTE.

hè bien dans ce séjour
Comment se porte-t-on?

LISETTE *regardant Scapin.*

Très bien. A cette vuë
Je tremble, je fremis.

ERASTE

Tu me parois èmuë ?

LISETTE.

Ce n'est pas sans sujet, & Scapin que je voi
M'inquiete trés fort, & me glace d'effroy.

ERASTE

Si de ses sentimens on t'avoit informée
De son heureux retour on te verroit charmée.

SCAPIN.

Un si bel embonpoint & des traits si charmans
Ne peuvent qu'inspirer de tendres sentimens.

FRONTIN.

Scapin s'est bien formé dans la galanterie.

SCAPIN.

Assez, quand on revient de basse Normandie
On a l'air du beau monde & l'esprit fort orné.

ERASTE

Pourquoi cet humeur triste & cet air consterné ?

SCAPIN.

Di-moi, dois-je imputer un ſi morne ſilence
Au plaiſir de me voir aprés ſix mois d'abſence ?

LISETTE

Scapin, de ton retour je me rejoüis fort.
Geronte eſt-il auſſi de retour ?

SCAPIN.

Il eſt mort.

ERASTE.

Oüi, je viens à Lucile en porter la nouvelle.

LISETTE.

Il eſt mort ! hâtons nous de nous rendre auprés d'elle.
Venez, Seigneur Eraſte. Ah, je reſpire enfin.
Certes j'avois grand-peur.

ERASTE

Mais il eſt trop matin

LISETTE.

Non, vous dis-je, venez ſans tarder d'avantage.

* * *
* *

SCENE III.

SCAPIN. FRONTIN.

SCAPIN.

Ma foy je suis charmé de te voir bon visage.
Quelle santé!

FRONTIN.

Tu voi, je me porte assez bien
Dans cet heureux païs il ne me manque rien;
Je l'ai trouvé d'abord & triste & solitaire;
Mais enfin le repos avec la bonne chere
Dissipent mes ennuis.

SCAPIN.

Hé quoy donc entre nous
N'avois tu point ici de passe-tems plus doux.

FRONTIN

Je n'en connoi point d'autre. Ennemi de la peine
Je ne suis point chasseur, par fois je me promene.

SCAPIN.

Cependant des amans l'air est contagieux.
Je suis fort pénetrant & je lis dans tes yeux.
Oçà, Frontin, di-moi la chose avec franchise.
Ne fais point le discret

FRONTIN.

Que veux-tu que je dise ?
Tu peux m'interroger, je parle saus détour.

SCAPIN.

Quand Lucile & Valere entrainez par l'amour
Se sont ici rendus, Frontin seul insensible
N'étoit-il point . . . hé ?

FRONTIN.

Quoy ? deviens intelligible.

SCAPIN.

Estois-tu de Lisette amoureux ?

FRONTIN

A peu prés.

SCAPIN.

A peu prés !

FRONTIN

Oüi. tu sçai que nous autres Valets
De nos maîtres en tout imitateurs serviles,
Copistes excelens, ou singes trés habiles.
Nous ne nous attachons qu'à prendre leurs défauts.

SCAPIN

Oüi vraiment, je le sçai.

FRONTIN

Par cet avant-propos

Tu dois juger qu'atteint de la même folie,
Etant seul, & trouvant Lisette assez jolie
J'ai voulu soupirer, & vivre aussi d'amour.

SCAPIN

Mauvaise nouriture.

FRONTIN.

Il est vrai, chaque jour
Je devenois si maigre & si ave, qu'à peine
On m'auroit reconnû. Que la fiévre quartaine
Me serre si jamais je deviens amoureux.
Non, je ne suis point fait pour être langoureux,
Gens de grand appétit, bon vin & bonne table
Voilà le vrai parti d'un homme raisonnable,
Et c'est aussi celui que j'ai pris pour toûjours

SCAPIN

C'est bien fait. Et combien ont duré tes amours?

FRONTIN.

Huit jours. Pendant ce tems combien d'impertinences,
De soupirs, de sanglots, de vers, d'extravagances!
J'imitois les Bergers, je courois les Forêts,
Les échos répondoient à mes tristes regrets.

SCAPIN.

Comment diantre!

FRONTIN.

J'avois la tête si remplie
De Roland, de Medor, d'Astrée & de Clelie
Que je leur ressemblois.

SCAPIN

SCAPIN

J'aurois voulû te voir.

FRONTIN

Des habitans du lieu tu pourras le sçavoir.
Je passois pour un fol dans tout le voisinage:
Mais tandis qu'en ces lieux Valere peste, enrage,
Moi Frontin trés sensé sans chagrin, sans ennuy
Je suis plus raisonnable & plus heureux que luy.

SCAPIN.

Ah! que me dis-tu là! se peut-il que Valere
Soit en effet chagrin?

FRONTIN.

Ce n'est pas mon affaire.
Je suis peu curieux. Il est des plus discrets,
Ne dort point, sort, va, vient & ne parle jamais;
Je ne sçai qu'en penser.

SCAPIN.

Peut-estre qu'il s'ennuye?
Et depuis quand frapé de cette maladie
A-t-il si fort changé?

FRONTIN.

Depuis trois jours au plus.

SCAPIN *a part*
Fort bien, nos soins pourront n'être pas superflus,

SCENE IV.

LISETTE, SCAPIN, FRONTIN.

LISETTE.

Scapin.

SCAPIN.

Que me veut-on ?

LISETTE.

Entre, Eraste t'appelle.

SCAPIN.

J'y cours, jusqu'au revoir.

SCENE.

SCENE V.

LISETTE, FRONTIN.

FRONTIN.

Pour prix de sa nouvelle
Il faut le regaler.

LISETTE.

Revien, l'ordre est donné ;
Tu le joindras bien-tôt ; n'as tu rien deviné
Du parti que ton maître à la fin pourra prendre ?
Il devient chaque jour moins empressé, moins tendre.

FRONTIN.

Je m'embarrasse peu du sort de ces Amans.
Au gré de mes souhaits je passe icy mon tems ;
La crainte d'en partir fait ma plus grande peine,
Je m'y trouve trés-bien.

LISETTE.

Ta crainte n'est point vaine,
Lucile veut enfin retourner à Paris.

FRONTIN.

Quoi si-tôt ?

LISETTE.

D'aujourd'hui le dessein en est pris ;

De son appartement elle est aussi sortie
Pour donner un champ libre à sa mélancolie.
Mais je les voi tous deux.

SCENE VI.

LUCILE, VALERE, LISETTE, FRONTIN.

LUCILE, *entre par un côté du Théatre, & Valere par l'autre.*

VALERE.

Ah, Madame ! c'est vous.
Vous vous promenez donc ?

LUCILE.

Le tems m'a paru doux.
Les jours sont encor beaux quoique l'hyver commence.

VALERE.

Que dites-vous d'Eraste & de sa negligence ?
Il ne devoit rester que deux jours à Paris.

LUCILE.

Il en faut accuser son procés, ses amis.

VALERE.

Je trouve ce Château, n'en déplaise à son Maître,
Situé dans un lieu trop desert, trop champêtre.

LUCILE.

Il a ses agrémens.

LISETTE.

Il est vray que ces lieux
Qui ne sont pas pour tant dans le fond ennuieux.
Font naître une tristesse. . . . .

FRONTIN.

Ah ! quelle erreur extreme !
Est-il quelque lieu triste où l'on voit ce qu'on aime ?

VALERE.

Je vous l'avois bien dit, Frontin est trés-plaisant,
Soit jargon d'Opera, soit stile de Roman
Il les possede mieux qu'homme qui soit en France.

LISETTE.

J'en ai fait mon Bouffon.

FRONTIN.

Cet employ d'importance
Me fait beaucoup d'honneur.

VALERE.

Je pense en ce moment
Qu'une terre éloignée a bien peu d'agrement :
Il semble qu'on renonce au commerce du monde.

LISETTE.

Oh, vive une Guinguette où tout Paris abonde.

VALERE.

Ne pense pas railler, ces réduits sont plaisans
Soit par ceux qu'on y voit, soit par mille incidens,
On y sçait d'un chacun les intrigues galantes,
On en apprend aussi des plus divertissantes.

LISETTE.

Avez-vous oublié qu'il faut dans ce séjour
Suivant vôtre projet ne parler que d'amour?
Tout seconde vos vœux, rien ne vous importune.
Nul obstacle. . . .

VALERE, *tirant ses Tablettes.*

Combien avons nous de la Lune.

FRONTIN.

On lit dans l'Almanac des traits biens curieux.

LISETTE.

Hier tems variable, aujourd'hui nebuleux.

VALERE.

Oüi, justement.

LUCILE.

Quoi donc?

VALERE.

Cela fait trois quinzaines.
Depuis nôtre départ je compte six semaines.

LUCILE.

Oüi je le croirois-bien.

LISETTE.

Moi je compte un peu mieux,
Et voi qu'en ce calcul vous vous trompez tous deux.
Nous sommes tous partis le premier de Novembre.
D'aujourd'hui seulement nous entrons en Decembre;
Et je n'ai pas besoin d'Almanac Dieu merci
Pour voir que nous n'avons été qu'un mois ici.

VALERE.

Qu'un mois!

LUCILE.

Qu'un mois, Lisette?

LISETTE.

Et oüi, qu'un mois, vous dis-je.

FRONTIN.

Comme le tems se passe! ah, que cela m'afflige!

LISETTE.

Oh, je trouve pour moi qu'il va fort lentement.
bas à Lucile.
Un homme vous attend dans vôtre appartement.

LUCILE.

Et qui?

LISETTE.

Scapin.

LUCILE.

Ah Ciel ! pardon si je vous laisse.

SCENE VII.

VALERE, FRONTIN.

FRONTIN.

QUE vous avez parlé d'amour & de tendresse !

VALERE.

Non, il n'est point d'état plus triste que le mien.
Ah ! je devois du moins durant nôtre entretien.
Lui déclarer, ... Frontin.

FRONTIN.

Monsieur.

VALERE.

Dans cet instant.
Il faut partir.

FRONTIN.

Qui ?

VALERE.

Toi.

FRONTIN,

FRONTIN.

J'enrage, cependant
Si vous vouliez encor. . . .

VALERE.

Je ſuis las de t'entendre.
Dans ce même moment pars, dis-je, & va m'attendre.
Le tems preſſe, ſortons, & prenons au plûtôt
Pour nous tirer d'ici, les meſures qu'il faut.

Fin du Premier Acte.

ACTE II.

SCENE PREMIERE.

LUCILE, LISETTE.

LISETTE.

Quoique nôtre dessein ait esté témeraire
Nous sortons assez bien d'une méchante affaire,
Il le faut avoüer, & Geronte au tombeau
Nous soulage aujourd'huy d'un fort pesant fardeau.
En effet qu'auroit dit cet homme prude & sage
S'il eut à son retour appris nôtre voyage,
Et quel voyage encor !

LUCILE.

Est-il si criminel ?

LISETTE.

Bien qu'il ne le soit pas, sans doute il l'eut crû tel,
Car il en a au moins toutes les apparences.
Le bon homme eut tiré de belles consequences ;
Dans sa juste colere, il eut avec raison
Sermoné, chapitré de la bonne façon.
La pupile d'abord, & moi la gouvernante
De qui la complaisance un peu trop imprudente . . . .

LUCILE.

LUCILE.

Oh, finis ce diſcours, & changeons d'entretien.
Eſt-il quelque bonheur qui ſoit égale au mien ?
Je n'ai plus de Tuteur, je deviens ma maîtreſſe,
J'ai quelques agremens, du bien, de la jeuneſſe,
En faut-il d'avantage ? & peux tu concevoir
Un état plus heureux ?

LISETTE.

Non, mais je dois ſçavoir
Que l'amour à vos yeux, j'entend dans ſa naiſſance,
Sur ces biens ſi vantez avoit la preference,
Que Valere lui ſeul vous tenoit lieu de tout,
Et que plus de cent fois ma patience à bout
A peſté contre vous d'une telle penſée.

LUCILE.

Lors que d'un fort amour on a l'ame bleſſée,
Liſette, on peut le croire.

LISETTE.

On pourroit penſer mieux.
Depuis que la raiſon a deſſillé vos yeux
Comment vous trouvez-vous ? dites que vous en ſemble ?

LUCILE.

Je ne puis le nier, l'Amour en ſoi raſſemble
Le plus parfait bonheur, les plus charmans plaiſirs,
Et remplit de nos cœurs les plus vaſtes déſirs ;
Oui, lui ſeul nous ſuffit : & nôtre ame charmée
Préfere la douceur d'aimer & d'être aimée
A tout ce qu'à ſon gré favorable aux humains
La fortune icy bas prodigue à pleines mains.

De cette illusion la puissance est si forte,
Et par tant de moyens nous flate & nous transporte
Qu'elle ne permet pas de penser autrement.

LISETTE.

Le stile est magnifique, & l'éloge charmant.
On ne peut mieux loüer, bien des gens à vray dire
Parlent différemment de l'amoureux martyre.
Mais n'entrevois-je point un mistere caché.
Cet éloge n'est pas d'un cœur bien détaché.

LUCILE.

Quand je te parle ainsi, Lisette, tu dois croire
Que cet éloge n'éme interesse ma gloire,
Que d'un pareil bonheur par lui seul j'ay joüi,
Qu'en effet j'aurois tort de me plaindre de lui,
Et que sous son pouvoir aïant été reduite,
Je dois justifier l'erreur qui m'a seduite.

LISETTE.

Moi, sans justifier l'Amour & mon erreur,
Car de vous imiter je me suis fait un honneur,
Je dirai que ce bien est un bien chimerique,
Que l'on est en aimant triste melancolique,
Que ces regards mourans, ces sanglots, ces soupirs:
Ne sont point à mon gré de solides plaisirs.
Je crois qu'à soupirer l'une & l'autre occupées
Novices en Amour nous nous sommes trompées

LUCILE.

Je ne te comprend point.

LISETTE.

Vous le sçaurez un jour.

LUCILE.

Peut-être.

LISETTE.

Vous riez?

LUCILE.

Parlons de mon Amour.
Enfin j'ay donc aimé, si c'est une foiblesse
On ne peut l'imputer du moins qu'à ma jeunesse.
D'ailleurs puisque Valere a fait naître mon feu
Il peut m'être permis d'en faire un libre aveu,
Et j'ai pour surs garans d'une telle conduite
Sa naissance, son bien, son rang & son merite.

LISETTE.

Ces titres sont fort beaux; mais sont-ils suffisans
Pour nous mettre à l'abry des discours médisans?
Car enfin entre-nous l'avanture est gaillarde.

LUCILE.

Alors qu'on aime bien à tout on se hazarde,
On n'examine rien, on suit sa passion.

LISETTE.

Je le sçai, quel caprice, ou bien quelle raison.
Détruit ces sentimens, je voudrois bien l'apprendre?

LUCILE.

Ce changement n'est pas difficile à comprendre.
Quoi? vivre tête-à-tête & se voir tous les jours,
N'entendre, ne tenir que les mêmes discours,
Ignorer tout le monde.

LISETTE.

Et s'en voir ignorée.

LUCILE.

Etre dans un Château sans cesse retirée,
Donner à se parer & son temps & ses soins.

LISETTE.

Et n'avoir tout au plus que deux yeux pour témoins,
Ou quelque Oiseau perché sur une palissade.

LUCILE.

Et se trouver enfin seule à la promenade.
N'est-ce pas un plaisir insipide, ennuyeux ?

LISETTE.

Oüi, ce genre de vie est triste & sérieux,
Et par lui de l'amour on doit être guerie.
Avoüez maintenant qu'il faut que dans la vie
Nos vœux libres jamais ne soient ainsi bornez ;
Et que divers plaisirs l'un à l'autre enchaînez
Doivent se succeder & remplir nôtre attente.
Je n'ai jusqu'à present été qu'une innocente,
Je pretend mieux user du temps à l'avenir ;
Et si jamais d'amour on vient m'entretenir. . . .

LUCILE.

Hé bien que feras-tu ? tu seras assez folle
Pour en user de même.

LISETTE.

O non, sur ma parolle.

On ne doit s'abuser que la premiere fois.

LUCILE.

Instruisons apresent Eraste que je vois.

SCENE II.

ERASTE, LUCILE, LISETTE, SCAPIN

LUCILE.

Eraste, pardonnez si j'use avec franchise
De cette liberté que vous m'avez permise ;
Mais n'ayant pû prevoir un changement pareil
Sur tous mes interêts j'ai besoin de conseil.

ERASTE.

Madame, de ce soin je me charge avec joïe,
Et j'en rendrai bon compte à celle qui m'employe,
mais puis qu'un autre soin me rameine en ces lieux
Témoins de vos amours, sans être curieux,
Je puis vous demander si pendant mon absence
Ce rare & grand projet d'amour & de constance
A réussi, Madame, au gré de vos souhaits.

LISETTE.

Bien souvent dans la vie on fait de beaux projets,
Mais l'execution en est bien difficile.

ERASTE.

Daignez m'en informer, adorable Lucile.

Vous ne repondez point ? que dois-je présumer ?
N'aimez vous pas toûjours ? ou cessez vous d'aimer ?

LISETTE.

Devinez.

ERASTE.

Moi ?

LISETTE.

Vous-même.

ERASTE.

En verité, Lisette,
Je ne le puis.

LISETTE.

Et vous, qui faites la discrette
Ne l'instruirez-vous point ?

LUCILE.

Je ne le puis aussi,
Et je vais m'éloigner.

LISETTE.

Non, demeurez icy.

ERASTE.

Si cet aveu, Lucile, & vous gêne & vous blesse
Je ne l'exige plus.

LISETTE.

Faut-il tant de finesse
Pour faire un tel aveu, sachez en peu de mots

Que ces projets d'amour qui nous sembloient si beaux
Sont devenus si laids si laids qu'on ne peut dire
Si l'on en doit pleurer, ou si l'on en doit rire.

ERASTE.

O Ciel! est-il possible!

LUCILE.

Il est vrai j'en rougis.

LISETTE.

Et pourquoi, s'il vous plait? cet usage est permis.
Il le fut de tout tems, j'en répond sur ma vie.
Rougissez bien plûtôt d'avoir eu la manie. . . .

LUCILE.

Et de grace finis, Lisette, laisse nous.
Et pour un autre tems reserve ton couroux.

LISETTE.

J'y consens volontiers; mais il faut me promettre
Qu'à mes ordres en tout vous voudrez vous soumettre.

LUCILE.

Hé bien, puis qu'il le faut, va, je te le promets,

LISETTE.

Vous pouvez apresent discourir je me tais,

LUCILE.

Eraste, je vais donc vous faire confidence
De l'état de mon cœur & de mon imprudence ;
Car je ne prétend point envers vous m'excuser,
Quoi qu'on puisse à mon âge aisément s'abuser,
Sur tout lors que l'amour en entrant dans nôtre ame
Pour la premiere fois y porte un trait de flame,
Et mêle avec ce trait ces folles visions
Qui jusqu'en nos esprits font des impressions.
C'est vous en dire assez pour vous faire connoître
Que tout ce grand amour que Valere a fait naître
Effacé comme un songe est éteint dans mon cœur.

ERASTE.

Et Valere, Madame, à-t'il sçu son malheur ?

LUCILE.

Non je doi presumer, Eraste, qu'il l'ignore,
Trompé par l'apparence il croit que j'aime encore
Comme il est vôtre ami, s'il a cessé d'aimer
Il ne manquera pas de vous en informer,
Sachés ses sentimens & venez me les dire ;
Vous connoissez les miens, vous pouvez l'en instruire.
Il doit venir. Je sors. Afin qu'en liberté
Vous puissiez de son cœur tirer la verité.
Adieu, je vous attend.

SCENE III.

ERASTE, LISETTE, SCAPIN.

SCAPIN.

ARrête un peu, Lisette.
Du retour du Tuteur tu n'est plus inquiette ?

LISETTE.

Je ne suis pas remise encor de ma frayeur
à Eraste.
Qu'est-ce donc ? qu'avez-vous ? vous êtes tout rêveur ?

ERASTE

Il est vrai, je le suis, ce que je viens d'apprendre. . .

LISETTE.

Est fort dans la nature, & doit peu vous surprendre.
Le projet insensé de nos jeunes Amans
Auroit pû réussir peut-être au bon vieux tems,
Encor j'en doute fort. Quelle étrange folie !
Croire pouvoir aimer tout le tems de sa vie
Et la même personne ; oh, cela ne se peut.

SCAPIN.

Tu raisonne fort juste, il est vrai qu'on le veut ;

Mais cette volonté qui se croit la plus forte
Trouve une volonté qui sur elle l'emporte,
Et qui dans un instant triomphe sans effort.
Ecoutez bien ceci pour les mettre d'accord.
La raison intervient, se rit de la premiere,
Et n'ose son effort [illegible] la derniere,
Car elle sçait trop bien que depuis très-long-tems....
Enfin voilà pourquoi l'on voit tant d'inconstans.

LISETTE

Scapin, sans te flater, la consequence est belle.

SCAPIN.

Je la soutiens, & vais....

ERASTE

Laissons là bagatelle.
Lisette est mon amie, oserois-je aujourd'hui
Auprés de sa maîtresse implorer son appui.

LISETTE.

Je sçai vos sentimens; & je suis occupée,
De venger hautement vôtre flame trompée.
Vous ne l'ignorez pas, ce fut contre mon gré
Qu'on écouta Valere, & qu'il fut preferé.
En vain à ce dessein je me suis opposée.
Mais puis qu'heureusement elle est désabusée
J'en viendrai bien à bout, reposez vous sur moi.
Valere vient, rentrons.

ERASTE.

Je m'abandonne à toi.

SCENE IV.

VALERE, ERASTE.

ERASTE.

PErmets qu'en t'embraſſant je te marque ma joye.

VALERE.

Il ſe peut donc, ami, qu'enfin je te revoye!
Que tu viens à propos ! & que j'ai ſouhaité
Ce fortuné moment où mon cœur agité
Dans le ſein d'un ami brule de ſe répandre.

ERASTE.

Valere à ce diſcours je ne puis rien comprendre.
Du trouble où je te vois au moins dans ce ſéjour
Je ne puis accuſer que Lucile ou l'Amour.

VALERE.

Je ne doi ni ne puis me plaindre de Lucile.
Mais il faut l'avoüer l'homme eſt bien imbecile
Lors qu'il croit à ſon gré regler ſes ſentimens.
Lui dont le cœur rempli de divers mouvemens
Suit un jour une idée ensuite la rejette,
Varie inceſſament dans tout ce qu'il projette,
foible, injuſte, jaloux, tout lui plaît en autrui,
N'aime, n'eſtime rien de ce qu'il a chez-lui,
Prend toujours le parti le plus déraiſonnable,
Et n'eſt jamais deux jours à ſoi-même ſemblable.

ERASTE.

Ce discours philosophe, & ce ton sérieux
font qu'à peine j'en crois au raport de mes yeux.
Ne me trompai-je point ? est-ce bien toi, Valere ?

VALERE.

Que l'erreur des Amans est stupide & grossiere !
Egarez, transportez dans les premiers momens
Il font sans y penser mille indiscrets sermens ;
Tout leur paroît facile ; & leur ame charmée
S'engage. & promet tout à la personne aimée ;
De tous leurs entretiens l'ordinaire discours
Consiste à se jurer qu'ils s'aimeront toûjours,
Que les plus beaux objets, les fortunes brillantes,
N'ébranleront jamais des ardeurs si constantes.
Et qu'ils les porteront jusque dans le tombeau.
L'amour est un transport qui trouble le cerveau,
C'est une fiévre ardente, un violent delire,
Un air empoisonné que la raison respire.
Dont tout homme sensé devroit se garantir.

ERASTE

Valere, apparemment tu veux te divertir.

VALERE.

Non. serieusement je dis ce que je pense.
Et de plus j'en ay fait la triste experience.

ERASTE

Permet moi d'en douter malgré ce que j'entens.
Quoy ? ces transports si vifs, ces feux si violens
Dont l'immortalité sembloit être assurée
Ont à peine d'un mois égalé la durée ?
bout de quatre jours en ces lieux ramené

Loin de te retrouver tendre & passionné,
Que dis-je ? mille fois plus amoureux encore;
C'est peu qu'un noir chagrin t'agite & te dévore;
Je te voi de l'amour ennemi declaré:
A cet évenemenr j'étois peu préparé.
Ce changement m'étonne.

VALERE.

Ami, jamais une ame
N'a senti les transports d'une plus vive flame;
Jamais plus digne objet n'alluma tant d'amour,
Plûtôt que la quitter j'aurois perdu le jour:
En voit-on qui comme elle ensemble réunisse
L'esprit & la beauté sans humeur, sans caprice,
Un aimable entretien, de nobles sentimens,
Un esprit détaché des vains amusemens,
Un sçavoir agreable, un jugement solide,
Un goût juste & certain & que la raison guide,
Et possedant sur tout l'art de plaire & d'aimer.

ERASTE.

Croiroi-je qu'elle ait pû cesser de te charmer
Lors que ton cœur en garde une si belle idée.
Non, de la même ardeur ton ame est possedée

VALERE.

Tu te trompe.

ERASTE

Comment.

VALERE.

A parler sans détour,
Je l'estime beaucoup; Mais je n'ai plus d'amour.

ERASTE.

Je ne m'étonne plus ſi d'un ſtile energique
Tu peignois des amans le deſſein chimerique.

VALERE.

Il eſt vrai. J'ai donné dans cette viſion.
Rien ne m'a tant flaté que cette paſſion ;
De ſes charmes trompeurs l'ame comme enyvrée
Ami, j'aurois couru de contrée en contrée.
Quel eſpoir m'a ſuivi dans ces lieux ecartez.
Quel comble de plaiſir & de felicitez
S'offrit à mon idée en quittant tout le monde !
Mais . . .

ERASTE,

Pourſui.

VALERE,

Cher ami, l'erreur eſt ſans ſeconde
Lorſqu'on croit que l'amour ſans les autres plaiſirs
Peut ſeul nous ſatisfaire, & remplir nos deſirs.
Je ne puis le nier. Lucrece eſt adorable.
Même, ſi tu le veux, elle eſt incomparable ;
Mais je puis en tout tems la voir & luy parler,
Ni rivaux, ny tuteur ne viennent me troubler :
Dans un ſi triſte état l'amour perd tous ſes charmes.
C'eſt un Dieu de tumulte, de trouble & d'allarmes,
Il faut pour l'arrêter manquer aux rendez vous,
Eſtre ſans ceſſe en proie à des ſoupçons jaloux,
Que le dépit nous chaſſe, & l'eſpoir nous rameine,
Qu'un monde de rivaux nous traverſe & nous géne,
Sans quoi l'amour languit & prompt à s'envoler
Ne connoit plus la voix qui veut le rappeller.

ERASTE.

Ce portrait est fort beau.

VALERE

Di plûtôt veritable.
Si de mes jours j'essuie avanture semblable....

ERASTE

Je te plains.

VALERE.

Tu le dois. Voi mon egarement.
Je vivois dans le monde avec quelque agrement;
Trés bien prés du beau sexe; enfin sans flaterie
J'étois fort renommé dans la galanterie;
Plus aimé qu'amoureux, sans jamais m'engager
Je goûtois à mon gre le plaisir de changer,
Que je suis bien puni de mon extravagance!
Moi, qui suis ennemi d'une longue constance
Dans ce maudit Château je viens me retirer
Dans l'unique dessein d'aimer, de soupirer.
Je me flatois encore que mon ame ravie
Sous les Loix de Lucile à jamais asservie
Y borneroit ses vœux, & feroit de nos jours
Revivre ces amans constans dans leurs amours.
J'ay fort bien réussi.

ERASTE,

L'entreprise estoit belle.

VALERE.

Tu peux même ajoûter qu'elle estoit trés nouvelle.
Enfin je n'aime plus. Mais je veux desormais

Me mettre dans le monde où mille & mille objets
A mes premiers regards viendront soudain se rendre ;
Sans me faire languir & sans me faire attendre,
Et sans perdre le temps en frivols soupirs,
Ami, je les verrai prevenir mes desirs,
Et briguer à l'envi l'honneur de ma conquête.

ERASTE.

Tu prend le bon parti.

VALERE.

Fort bien. Ce qui m'arrête
C'est Lucile.

ERASTE

Et pourquoi ?

VALERE.

Je crains de la revoir ;
Non, qu'elle ait sur mon ame encor aucun pouvoir.
Mais je crains . . . .

ERASTE.

Que crains tu ?

VALERE.

Tout ce que l'on doit craindre
Veux-tu que je la voie & gemir & se plaindre ?
Eraste, épargne-moi de voir ses yeux en pleurs.
Une femme aisément se livre à ses douleurs ;
Et s'il faut aujourd'hui t'avoüer toutes choses,
J'en ai désesperé pour de bien moindres causes.

ERASTE.

Ma foi je rirois bien si Lucile à son tour....

VALERE.

Non, désabuse-toi Lucile a de l'amour;
Je n'ose luy parler de peur de luy déplaire,
Mais je suspends envain l'aveu que je doi faire.

ERASTE.

Hé bien par un bon-heur que tu n'attendois pas
Je puis avec un mot finir ton embarras.

VALERE.

Quoi? seroit-il possible? ah! tu me rend la vie.
Depuis assez long-tems je languis, je m'ennuie,
Et croi que j'en mourrois: apprend-moi promptement...

ERASTE

Lucile n'aime plus.

VALERE.

Quoi? sérieusement?
Elle te trompe, Eraste, elle te trompe te dis-je.

ERASTE.

A m'imposer ainsi quel interêt l'oblige?

VALERE.

Te l'a-t-elle dit?

ERASTE.

Oüi.

VALERE.

Je ne m'attendois pas . . .

ERASTE.

Apprend-moi ce qui peut causer ton embaras ?

VALERE.

Lucile n'a point fait cet aveu sans mistere.
Croi qu'il est en amour peu de femme sincere ;
Telle sçait affecter un tranquile dehors
Qui sent au fond du cœur les plus ardens transports ;
Et croit par ce moïen & son adresse à feindre
Rallumer d'un amant le feu prêt à s'éteindre.

ERASTE.

Je le croi, Mais veux-tu qu'elle même à tes yeux . . .

VALERE.

Je te l'ai dit. Le tour est tout ingenieux.
Pour sortir d'embarras j'imagine une voie.
Oüi Pour te rendre heureux il faut que je m'emploie,
Lucile est riche, aimable, & son hymen un jour . . .

ERASTE.

Valere, y pense tu ? Lucile a trop d'amour.
L'obstacle à surmonter me paroit difficile.
Mais pour te détromper vien parler à Lucile.

VALERE.

Non, je veux éviter cet éclairciſſement.
Daigne m'accompagner dans mon appartement.
Eraſte je prétend te charger d'une Lettre
Qu'à Lucile à l'inſtant tu voudras bien remettre?

ERASTE.

Trés volontiers.

VALERE.

Sortons. De ta credulité
Tu ſeras bien puni.

ERASTE.

Toi, de ta vanité.

Fin du ſecond Acte.

ACTE III.

SCENE PREMIERE.

SCAPIN *ſeul.*

TAndis qu'en ce moment en intrigante habile
Liſette pour Eraſte agit prés de Lucile,
Et ſure du pouvoir qu'elle a ſur ſon eſprit
Employe en ſa faveur ſon art & ſon credit ;
Raiſonnons un moment ſur l'heureuſe avanture
Qui me mettra bien-tôt dans une autre poſture.
J'ai joüé dans le monde, & depuis fort-long-tems
Sous differens habits des Rôles differens,
J'ai ſçu ſans vanité m'en tirer avec grace.
Mais dans la vie enfin tout ennuie & tout laſſe.
Je ne veux plus ſervir riche comme je ſuis.
Je veux être apreſent mon Maître ſi je puis.
Pour rendre mon deſtin encor plus agreable
Je pretends me donner une compagne aimable :
C'eſt penſer ſenſément, ſans ce maudit Chaſteau
Liſette étoit mon fait, mais pourquoi mon cerveau
Va-t-il s'embaraſſer d'une vaine chimere.
Eraſte en me parlant tantôt ſur cette affaire
Malgré moi m'a réduit à ne plus raiſonner
D'ailleurs, quoique je puiſſe ou croire ou ſoupçonner
Je la voi ; la friponne eſt bien faite & piquante.

SCENE II.

LISETTE, SCAPIN.

LISETTE.

QUE fais-tu là Scapin ?

SCAPIN.

Une affaire importante
Me roule dans l'esprit.

LISETTE.

Ne puis-je la sçavoir ?

SCAPIN.

Auparavant dis-moi si nous partons ce soir.

LISETTE.

Oüi pour nôtre départ enfin tout se prépare.

SCAPIN.

Pense-tu que Lucile aujourd'hui se déclare ?

LISETTE.

Valere de ton Maître avance les desseins.

SCAPIN *à part.*

Je puis être éclairci du malheur que je crains.
Je vais l'interroger ; ignorant ma pensée.
Elle pourra parler.

LISETTE, *à part.*

Je suis interessée
Dans ses réflexions. tu parois inquiet ,
Et ne viens point icy rever seul sans sujet ?

SCAPIN.

Il est vrai. que lui dire.

LISETTE.

Apprend-moi je te prie
Si tu n'aurois point la quelque grain de folie ?
Tu ne me répond point ?

SCAPIN.

Daigne me pardonner.
Mon esprit occupé se plaît à raisonner.

LISETTE.

Toi, l'esprit occupé ?

SCAPIN

Trés-occupé, te dis-je.
L'état où je me trouve à mille soins m'oblige.
Lorsque je n'avois rien je m'estimois heureux.
Maintenant que je suis au comble de mes vœux

Le Diable incessamment me tourmente & me berce ;
Et même une diablesse à mes dépens s'exerce,
Et trouble le repos que je voulois goûter.

LISETTE.

Je te crois un sujet trés-bon à tourmenter.

SCAPIN.

Et moi dans ce metier je te croi fort habile.

LISETTE.

Je puis le deviner.

SCAPIN.

Il n'est pas difficile :
Mais changeons de propos dans ces aimables lieux
Tous les jours étoient ils plaisans ou sérieux ?
A quoi t'amusois-tu ? seule, jeune & jolie,
Et Frontin seul aussi dont la galanterie,
Et l'Amour. . . .

LISETTE.

Et l'Amour,

SCAPIN.

Et l'Amour.

LISETTE.

Oüi fort-bien.
Mais qu'entend-tu par-là ?

SCAPIN.

J'entend. . . . .

LISETTE.

Quoi ?

SCAPIN.

Presque rien ;
Un mal d'opinion.

LISETTE.

Oh, je veux qu'on s'explique.
Qu'entend-tu par ce mal ?

SCAPIN *à part.*

Me voilà sans replique.

LISETTE.

Répond, ou je m'en vais.

SCAPIN.

Ce mal d'opinion
Est trés-vieux.

LISETTE.

Et bien soit trés-vieux mais à quoi bon.
Ce galimatias ?

SCAPIN.

SCAPIN

Je vais me faire entendre.

LISETTE.

Le Ciel en soit loüé.

SCAPIN.

Lisette a le cœur tendre.

LISETTE.

Di qu'elle a pû l'avoir, & même peu de tems.

SCAPIN.

Peu de tems, ou beaucoup ainsi que je l'entens
C'est même chose.

LISETTE.

Au fait.

SCAPIN.

Quelle humeur petulente !
Tandis que mon esprit s'agite & se tourmente
Tu m'interrompts toûjours.

LISETTE.

J'ai plus d'esprit que toi.

SCAPIN.

J'aurois tort d'en douter.

LISETTE.

Or sus écoute-moi.
Je sçai de bonne part ton dessein ; tes scrupules,
Tes insolens discours, tes craintes ridicules,
Et j'en ai beaucoup ry.

SCAPIN

Mon Maître est peu discret.
Je gage que tu sçai mieux garder un secret.

LISETTE.

J'entend, détrompe-toi, je suis franche & sincere.
Je ne le scele point, Frontin à sçu me plaire.
Devois-je m'ennuyer dans ce maudit Château ?

SCAPIN.

Et voilà le sujet qui trouble mon cerveau.

LISETTE.

Qu'il soit sain ou malade, il ne m'importe guere.

SCAPIN.

Il ne t'importe pas ? regarde, considere,
Et songe désormais quel sera ton bonheur.

LISETTE.

Tu devrois ajoûter que tu me fais honneur.

SCAPIN.

Sur cet article-là n'aïons point de querelle,
Partageons-le entre nous, c'est une bagatelle.
Satisfait seulement mon désir curieux.

LISETTE.

Soit avant, soit aprés mon séjour en ces lieux. . . :.

SCAPIN.

Poursuis, hé-bien ? tu ris ?

LISETTE.

Ta mine me fait rire.

SCAPIN.

Et par pitié, Lisette, acheve de m'instruire.

LISETTE.

En deux mots, car je haï les discours superflus.
Je suis ce que j'étois, j'aimois, je n'aime plus

SCAPIN

Je croirois volontiers le dernier vrai-semblable.

LISETTE.

Le premier est encor cent fois plus veritable.

SCAPIN.

Ovais tu me parle-là d'un ton bien résolû.

LISETTE.

C'eſt que j'ai ſur mes ſens un pouvoir abſolû.

SCAPIN.

La raiſon eſt tres-forte, & ton eſpece eſt rare.

LISETTE.

Di qu'elle doit encor te paroître bizarre.
Bien plus quand je verrois enſemble réünis
Les hommes les mieux faits, & tous les Adonis;
Sans ce nœud qui s'appelle entre nous Mariage
Tous, ſans en excepter perdroient leur étalage;
C'eſt mon goût. . . . ſi j'avois penſé differemment
Peut-être j'aurois pû me conduire autrement,
Et vivant dans le monde avec pleine licence
J'aurois tenté quelqu'un par mon experience.

SCAPIN.

Avec ces ſentimens tu ſeras par ma foi
La fidele moitié d'un homme tel que moi.

LISETTE.

Lucile vient, voïons ſi ſon ame rétive
Pourra mettre en défaut mon imaginative.

SCENE III.

LUCILE, LISETTE, SCAPIN.

LISETTE

QU'avez-vous fait d'Eraste ?

LUCILE.

Il vient de me parler,
Aprés ce qu'il m'a dit, je ne puis te sceler
Que je n'en revien point ; & je croi que Valere
Pour mettre sur la Scene est un bon caractere.

LISETTE.

Je pense qu'on pourroit l'y voir avec plaisir.
Et le vôtre, Madame ?

LUCILE.

Il pourroit réüssir,
Il a son ridicule, & j'avoüerai sans peine
Qu'il offre un champ fort vaste à la malice humaine,
Qu'il peut faire parler de rigoureux censeurs
Qui voudront lui prêter de malignes couleurs ;
Mais m'étant respectée en cette conjoncture
Je ne doi point enfin redouter la censure.

LISETTE.

Moi je prétend traiter un sujet si plaisant.

LUCILE.

Tu rêve.

LISETTE.

Je vaux bien les Auteurs d'apresent.

SCAPIN.

Ce n'est pas beaucoup dire.

LISETTE.

Un autre soin me presse.
De vos vœux maintenant souveraine Maîtresse,
Avez-vous réflechi sur l'hymen proposé ?

LUCILE.

Mais, Lisette. . , . .

LISETTE.

Quoi ? mais.

LUCILE.

Je n'ai rien refusé.
Je n'ai pû faire plus.

LISETTE.

Ce n'est pas-là mon compte.
Vainement la rougeur au visage vous monte.

LUCILE.

Mais l'hymen me fait peur.

LISETTE.

Il me fait peur â moi,
C'est un pas hazardeux ; & cependant je voi
Qu'il est pour une fille un mal inévitable.

LUCILE.

J'ai peine à m'y résoudre.

LISETTE.

Estes-vous raisonnable ?
Eraste vous estime, & vous le connoissez,
Moi je l'estime aussi, Madame, c'est assez.

LUCILE.

Pour me déterminer la raison est pressante.
Je vois bien qu'il faudra qu'à ce nœud je consente.

LISETTE.

Vous fairiez contre nous des efforts superflus ;
Car d'ailleurs j'ai promis.

LUCILE.

Comment donc ?

LISETTE.

J'ai fait plus.
J'ai donné ma parolle, il faut que je la tienne,
Et j'ai la vôtre encore.

SCAPIN

Et mon Maître à la mienne;

Nous sommes gens d'honneur nous voulons la tenir.

LISETTE.

Scapin, va le chercher, & di lui de venir.

LUCILE.

Ecoute un peu, je veux.....

LISETTE.

Va, cours en diligence.

SCENE IV.

LUCILE, LISETTE.

LISETTE.

Vous me loüirez un jour de cette violence.

LUCILE.

Lisette, je t'admire, & je ne comprend pas
Pourquoi je me résous à franchir un tel pas.
Pourquoi si promptement préten-tu me contraindre
A m'engager ainsi ?

LISETTE.

Vous êtes bien à plaindre.
J'ai cent fois plus que vous d'esprit & de raison.
J'ay voulû détourner toute reflexion.
En sortant de ces lieux malgré nôtre innocence
Conclure vôtre hymen est un trait de prudence,

Un trait de politique à quoi j'ay dû penser.

LUCILE.

Mais de ce que j'ai fait qui pourroit s'offenser ?

LISETTE.

Quoique l'intention soit innocente & bonne,
Madame, en ce pays on critique, on raisonne,
Rien n'échappe aux discours ; c'est l'usage aujourd'hui :
Et nous-même peut-être à l'exemple d'autrui.
Sachant pareille chose on nous en verroit rire.
Enfin nôtre conduite en bute à la Satire
Sera justifiée. avoüez maintenant.
Que Lisette possede un genie étonnant.
Pour moi dans ce conseil prudent & salutaire
Je ne propose rien que je ne veulle faire ;
Par la même raison j'épouse aussi Scapin.
Nous aurons l'une & l'autre un semblable destin.

SCENE V.

LUCILE, SCAPIN, LISETTE.

LISETTE.

TOn Maître viendrat-il ?

SCAPIN.

Dans un moment, Lisette,
Il me suit.

LISETTE.

Qu'avez-vous ? vous semblé inquiette ?

LUCILE.

Aurois-je perdu . . .

LISETTE.

Quoi ?

LUCILE.

Je cherche vainement ;
Sans doute elle est restée en mon appartement.

LISETTE.

Qu'avez-vous oublié ?

LUCILE.

Ma réponse ou Valere
Connoîtra malgré lui que je suis plus sincere ;
Je croi qu'en la lisant il changera de ton,
Et n'aura pas de soi si bonne opinion :
Loin de me soupçonner d'un si bas artifice
J'espere que du moins il me rendra justice
Je vais chercher ma lettre, Eraste peut venir :
Aussi-bien en secret je veux l'entretenir,
Di lui que je l'attend.

* * *
* *

SCENE VI.

LISETTE, SCAPIN.

SCAPIN.

QUE j'ai l'ame contente.
Tout va bien, tout nous rit, & flatte nôtre attente.
Eraste vient.

SCENE VII.

ERASTE, LISETTE, SCAPIN.

LISETTE.

REntrez, Lucile vous attend
Et veut vous découvrir un secret important.

ERASTE.

Ce secret ne peut être ignoré de Lisette.

LISETTE.

Il est vrai vainement je ferois la discrette.
Elle est déterminée à choisir un époux,
Soiez sûr que ce choix ne regarde que vous.
Offrez luy vôtre main, parlez en assurance.
Allez.

ERASTE

Je te promets que ma reconnoissance
Egalera tes soins.

SCAPIN.

Et s'il vous plait, les miens ;
Car nous serons bien-tôt époux communs en biens,
Meubles, acquêts, conquêts.

SCENE VIII.

LISETTE, SCAPIN.

LISETTE.

HE bon Dieu quel langage!
As tu donc habité quelque Païs Sauvage ?
Tu m'as fort effrayée en prononçant ces mots.
Où parle t'on ainsi ?

SCAPIN.

Ce sont là les propos
Qu'on tient pour l'ordinaire en basse Normandie.
J'avois pour la chicanne un merveilleux genie ;
Mais j'y renonce enfin pour vivre tout à toi.

LISETTE.

Tu fais bien.

SCAPIN.

Si tu veux en user comme moi
Nous deviendrons amans.

LISETTE.

Scapin, tu n'es pas ſage.
L'amour ne fut jamais un fruit du mariage,
On ſe connoît trop bien, tel qui devient amant
Eſt rempli d'artifice & de déguiſement,
Sous les plus beaux dehors d'abord il s'inſinuë,
Son air doux & flateur cache une humeur bouruë,
Avare dans le fond il fait le genereux,
Ennemi déclaré des plaiſirs & des jeux
Il propoſe le bal, donne la comedie,
Et pendant tout le tems qu'à plaire il s'étudie
Il eſt homme parfait; à peine eſt-il époux
Cet homme ſi charmant, ſi gratieux, ſi doux
Qu'il change en un moment de langage & de mine,
Ce qu'on dit, ce qu'on fait lui déplait, le chagrine,
Il devient loupgarou, facheux, quinteux, brutal;
Fait un tiſſu de maux du lien conjugal,
Condamne les plaiſirs, peſte contre la mode,
Et ſçait ſi bien changer d'allure & de methode,
Et ſi bien encherir ſur ces communs défauts
Qu'il trouve le ſecret d'en forger de nouveaux.

SCAPIN.

Voilà du mariage une laide peinture.

LISETTE.

Ce n'en eſt que l'ébauche.

SCAPIN.

O pour moi je te jure.....

LISETTE.

Laiſſe là tes ſermens, & ſonge à faire mieux,
On je ſçaurai.... quelqu'un s'approche de ces lieux

SCENE IX.

VALERE, ERASTE, LISETTE, SCAPIN.

VALERE.

TU dis qu'en son dessein Lucile persevere.

ERASTE.

Pourras tu me donner la preuve du contraire ?
Je le repete encor, je suis bien informé,
Lucile ne croit pas même qu'elle ait aimé.

VALERE.

Erreur.

LISETTE.

De ses secrets sage dépositaire,
Mieux instruite que vous, je ne puis plus me taire.
De cette vision soyez désabusé.
Et croiez vous, Monsieur, qu'il soit si mal aisé
De ne vous plus aimer ? cette idée est plaisante.
En vain sur ce sujet vôtre esprit se tourmente.
Lucile est raisonnable, & si par mes avis.
Elle s'étoit conduite. . . .

VALERE.

Ils sont bons : mais je puis
M'éloigner de ces lieux.

ERASTE.

Attend, si cette lettre
Que Lucile en tes mains m'ordonne de remettre.

VALERE.

C'est de Lucile?

ERASTE

Oüi.

LISETTE.

Pourquoi donc, s'il vous plait,
Ne la lisez vous pas?

VALERE.

Va je sçai ce que c'est,
Sans lire cet écrit je sçai ce qu'il renferme,
Et je te le dirois jusques au moindre terme.
Reproche, injure, amour, transport, rage, dépit.
Voilà tout ce que peut renfermer cet écrit.
Croi moi, j'en ai reçû plus de trente en ma vie
Pareils à celui-cy.

LISETTE.

Quelle forfanterie!
Soiez moins prevenu, moins vain, moins enteté.
Croiez que cet écrit par la raison dicté,
A ceux dont vous parlez n'est point du tout semblable.
Soiez tres assuré qu'en ce lieu quoiqu'aimable
Si vous vous ennuiez de rester avec nous,

Lucile pour le moins s'ennuie autat que vous ;
Qu'elle n'a plus enfin cette sotte tendresse
Qu'autorisoit en elle une folle jeunesse ;
De la seule raison elle écoute la voix ;
Elle ne connoit plus ni fleche ni carçois
Ni bandeau, ni flambeau, ni fers, ni pleurs, ni peines ;
Détruit tout ; brise tout liens, arc, corde, chaichaines ;
En un mot de son cœur l'amour a deserté.
Vous pouvez désormais partir en liberté.
J'ai dit. Sui moi, Scapin.

SCENE X.

VALERE, ERASTE.

VALERE.

CE qu'elle vient de dire
Me frappe, me saisit. Mais voyons. Il faut lire.

Vous deviez ajouter plus de foy au raport qu'Eraste vous a fait de mes veritables sentimens. La fin de nôtre amour chimerique ne m'a point étonnée, & mon amour propre n'en a point esté offensé. J'aurois bien des choses à vous dire sur le vôtre : Mais je me contente de vous déclarer icy que je ne veux aimer de ma vie. Je serai cependant toûjours vostre amie
LUCILE.

ERASTE

Que vois-je ? tu palis ?

VALERE.

VALERE.

Quoi ? c'est donc tout de bon ?

ERASTE

Aprés ce que tu vois en peux-tu douter ?

VALERE.

Non.
Mais ce fatal aveu de son indifference
Me fait seul de l'amour connoître la puissance,
Cet écrit de sa main que je n'attendois pas
Livre à mon triste cœur de si cruels combats
Que je ne puis parler.

ERASTE.

D'où peut venir ton trouble ?

VALERE.

Mon feu loin d'estre éteint dans ce moment redouble.
Des transports inconnus s'emparent de mes sens.
Enfin je n'ai jamais senti ce que je sens.

ERASTE.

Valere, que dis-tu ? l'amour peut-il encore
Te parler pour Lucile ?

VALERE.

Eraste, je l'adore.
Helas ! je te disois dans ce funeste jour
Il falloit pour aimer quelque obstacle à l'amour

Que sa tranquilité diminuoit ses charmes,
Et que c'étoit un Dieu de tumulte & d'allarmes ;
Que je n'avois enfin, exempt d'aucun souci,
Ni Rivaux, ni Tuteur à redouter icy :
Te le diray-je ? Helas! ce billet seul rassemble
Tuteur, dépit, obstacle & Rivaux tout ensemble.
Je me trompois. Je veux l'adorer, la servir,
Et vivre sous ses Loys jusqu'au dernier soûpir ;
Je borne tous mes vœux à ce bonheur supréme.
Qu'elle ne parte point. On vient. C'est elle-même.
Eraste, elle t'estime & n'écoute que toy,
Peins luy mon desespoir & luy parle pour moi.

SCENE XI.

LUCILE, VALERE, ERASTE, LISETTE, SCAPIN

LUCILE.

Vous n'êtes point parti ?

VALERE.

Je ne pars point encore.
Si vous ne m'accordez la grace que j'implore
Je vais mourir, Madame, & mourir à vos yeux.

LUCILE.

Qu'entens-je ? quel discours ?

LISETTE.

Il devient furieux,
Madame sauvons-nous.

LUCILE

Expliquez vous de grace:
Eraste, apprenez moi . . .

VALERE.

Ciel ! quelle est ma disgrace !
Vous ne m'aimez donc plus ? Mon cœur desesperé
A ce fatal revers n'étoit point preparé :
Mais lorsque vous rendez mon sort si déplorable
De quel crime envers vous suis-je aujourd'huy
coupable ?
Toutefois si ce cœur a pû vous offenser,
Quelque soit son forfait, mon sang va l'effacer
J'en atteste à vos pieds le Ciel qui nous éclaire.

LUCILE.

Levez-vous. Je le veux. Quel est donc ce mistere ?

ERASTE.

Vostre Lettre, Madame, a produit cet effet.

LISETTE.

Il l'a donc luë enfin.

VALERE.

Malheureux ! qu'ai-je fait !

LUCILE.

Valere, écoutez moi. L'erreur est dissipée.

Le songe disparoît & je suis détrompée.
A tous ces vains plaisirs je renonce aujourd'huy,
Et le seul nom d'amour m'inspire de l'ennuy.
Je prétend désormais vivre heureuse & tranquile.
Imitez mon exemple.

VALERE.

Adorable Lucile;
Quittez ce sentiment.

LUCILE.

En vain vous me pressez.
Je vous parle sans feinte & vous me connoissez.
Ne croyez pas pourtant que sensible à l'offense
Je veiiille me vanger de vostre sufisance.
Mais vous deviez au moins, à parler entre nous,
Vous penser comme moi; moi, penser comme vous:
Nostre sexe à ce droit; Mais souvent il s'abuse.

VALERE.

Souffrez que je m'explique & que l'amour m'excuse.

LUCILE.

Non, Je veux me soûmettre à vos sages avis,
Et même en ce moment ils vont estre suivis.
Voila ma main, Eraste.

VALERE.

Hé quoi? mon ami même
Ajoûte encor ce comble à ma douleur extréme.

ERASTE.

Tu me l'as conseillé.

VALERE.

Reduit au desespoir,
Madame, désormais je ne doi plus vous voir.

SCENE DERNIERE.

LUCILE, ERASTE, LISETTE, SCAPIN.

LISETTE.

Ce transport amoureux me rend toute interdite.
Vous le punissez bien, je vous en felicite.

LUCILE.

Nous pouvons à present partir sans differer.

ERASTE.

Vos ordres sont suivis. J'ai tout fait preparer.
Mais, Madame, Lisette & Scapin ce me semble
A nostre exemple aussi doivent s'unir ensemble.

LISETTE.

Hé bien, puisqu'il le faut, touche là j'y consens.

SCAPIN

Liſerte eſt adorable & pleine de bon ſens.

LISETTE,

Sur les plus beaux projets d'amour & de coſtance
On ſe trompe ſouvent & bien plus qu'on ne penſe
Amans, pour vous guerir de vos opinions
Venez nous conſulter & prendre des leçons.

FIN.

APPROBATION.

J'AY lû par ordre de Monseigneur le Garde des Sceaux une Comedie qui a pour titre l'Ecole des Amans, *je n'y ai rien trouvé qui doive en empêcher l'impression. à Paris ce 2 Novembre 1718.*

CHATEAUBRUN.

PRIVILEGE DU ROY.

LOUIS PAR LA GRACE DE DIEU, ROY DE FRANCE ET DE NAVARRE: A nos amez & feaux les gens tenant nos Cours de Parlement Maîtres des requêtes ordinaire en nostre Hôtel grand Conseil, Prêvôt de Paris, Baillys Sénechaussés leurs Lieutenans civils & autres Justiciers qu'il appartiendra SALUT nôtre bien amé *Pierre Ribou* Libraire à Paris. Nous ayant fait exposer qu'il souhaiteroit faire imprimer un Livre intitulé *L'Ecole des Amans Comedie* & donner au Public, s'il nous plaisoit luy accorder nos Lettres de Privilege pour la Ville de Paris seulement. A ces causes voulant favorablement traiter l'Exposant, Nous avons permis & permettons par ces présentes audit Ribou de faire imprimer ledit Livre en telle forme, marge, caractere & autant de fois que bon luy semblera & de le faire vendre & débiter par tout nostre Royaume pendant le tems de trois années consécutivesà compter du jour de la date desdites presentes; Faisons deffenses à toutes sortes de personnes de quelque qualité & condition qu'elles soient d'en introduire d'impression étrangere dans aucun lieu, de nôtre obéissance; Comme aussi à tous Libraires Imprimeurs & autres dans ladite Ville de Paris seulement d'imprimer ou faire imprimer ledit Livre en tout ou en partie ny d'en faire aucuns extraits & d'y en faire venir, vendre & débiter d'autre impression que de celle qui aura été faite pour ledit exposant sous peine de confiscation des exemplaires contrefaits, de mil livres d'amande contre chacun des contrevenans dont un tiers à nous, un tiers à l'Hôtel-Dieu de Paris, l'autre tiers audit Exposant & de tous dépens, domages & interêts; A la charge que ces presentes seront enregistsés tout au long sur le Registre de la Communauté des Libraires & Imprimeurs de Paris & ce dans trois mois de la datte d'icelle; Que l'impression de ce Livre sera faite dans nôtre Royaume & non ailleurs en bon papier & en beaux caracteres conformément aux Reglemens de la Librairie, & qu'avant que de l'exposer en vente le manuscrit ou imprimè qui aura servy de copie pour l'impression dudit Livre sera remis dans le même état ou l'approbation y aura esté donnée en les mains de nôtre trés cher & féal Chevalier Garde des Sceaux de France le sieur de Voyer de Paulmy Marquis d'Argenson, & qu'il en sera ensuitte remis deux exemplaires dans nôtre Bibliotêque publique, un dans celle de nostre Château du Louvre, & un dans celle de nostre trés-cher & féal Chevalier Garde des Sceaux de France le Sr de Voyer de Paulmy Marquis d'Argenson. Le tout à peine de nullité des presentes. Du contenu desquelles vous mandons & enjoignons de faire joüir l'Exposant ou ses ayans cause pleinement & paisiblement sans souffrir qu'il leur soit fait aucun trouble ou empêchement; Voulons qu'à la copie desdites presentes qui sera imprimée au commencement ou à la fin dudit Livre soit tenuë pour deument signiffiée & qu'aux copies collationnées par l'un de nos amez & feaux Conseillers Secretaire foy soit ajoûtée comme à l'original. Commandons au premier nostre huissier ou Sergent de faire pour l'execution d'icelles tous Actes requis & necessaire sans demander autre permission & nonobstant clameur de Haro Chartre Normandes & autre Lettres à ce contraire Car tel est nôtre plaisir. DONNE' a Paris le dix-sept du mois de Novembre l'An de Grace mil sept dix-huit & de nostre Regne le quatriéme. Par le Roy en son Conseil. DE S. HILAIRE.

Registré sur le Registre IV. de la Communauté des Libraires et Imprimeurs de Paris, Page 403. N. 435. conformemement aux Reglemens et Notamment à l'Arrest du Canseil du 13 Aoust 1703. A Paris le 21 Novambre 1718.

Signé DE LAULNE *Sindic.*

www.ingramcontent.com/pod-product-compliance
Ingram Content Group UK Ltd.
Pitfield, Milton Keynes, MK11 3LW, UK
UKHW021623260726
13994UKWH00003B/1048

9 782329 489599